Ich nehme dich an

und verspreche dir

die Treue …

Persönliches

Trauspruch ... Hochzeitsfoto ...

Glückwünsche ... Bild der Kirche ... ein wichtiger Text ...

In Erinnerung an die

kirchliche Trauung

von

_____

und

_____

am

_____

in der Kirche

_____

Vor Gottes Angesicht nehme ich dich an
als meine Frau/als meinen Mann.
Ich verspreche dir die Treue
in guten und bösen Tagen,
in Gesundheit und Krankheit,
bis der Tod uns scheidet.
Ich will dich lieben, achten und ehren
alle Tage meines Lebens.

Versprechen bei der kirchlichen Trauung

Inhalt

Sie wollen heiraten.
Herzlichen Glückwunsch!

Liebes Brautpaar,

Sie haben sich entschlossen, „Ja" zueinander zu sagen und in der kirchlichen Trauung Ihre Liebe zu feiern.

In einem festlich gestalteten Gottesdienst kommt das Sakrament der Ehe in besonderer Weise zum Ausdruck – als Zeichen der Liebe Gottes und seiner Zusage, Sie auf Ihrem gemeinsamen Lebensweg mit seinem Segen zu begleiten.

Bei der Vorbereitung auf die kirchliche Trauung wollen wir Sie mit diesem Heft gern begleiten. Sie haben viele Gestaltungsmöglichkeiten, auch wenn der Ablauf des Traugottesdienstes in seinen Grundlinien festgelegt ist.

Dafür sind hier Trausprüche, Lesungen, Vermählungs- und Segensworte, Gebete und Texte zur Auswahl zusammengestellt. Mancher Text kann Ihnen vielleicht auch Gedanken für Ihr gemeinsames Leben mitgeben.

Im Gespräch mit Ihrem Seelsorger können Sie Ihren Traugottesdienst so gestalten, dass er wirklich die Feier Ihres Lebensbundes wird.

Wir wünschen Ihnen Gottes Segen für Ihren Hochzeitstag und für Ihren gemeinsamen Lebensweg.

Trausprüche

Es entspricht einem alten, schönen Brauch, dass Braut und Bräutigam für die kirchliche Trauung und für ihre Ehe einen Leitspruch aussuchen, an dem sie sich orientieren und ihr gemeinsames Leben ausrichten wollen. Daher bietet sich an, diesen Trauspruch auch zum Leitgedanken der Ansprache zu machen und entsprechende Schrifttexte und Fürbitten auszuwählen.

Wohin du gehst, dahin gehe auch ich. Und wo du bleibst, da bleibe auch ich.

aus dem Buch Rut 1,16

Stark wie der Tod ist die Liebe. Auch mächtige Wasser können die Liebe nicht löschen; auch Ströme schwemmen sie nicht weg.

aus dem Hohelied, 8,6b,7a

Ich bleibe derselbe, so alt ihr auch werdet, bis ihr grau werdet, will ich euch tragen.

aus dem Buch Jesaja 46,4

Denn wo zwei oder drei in meinem Namen versammelt sind, da bin ich mitten unter ihnen.

aus dem Matthäus-Evangelium 18,20

Ich bin bei euch alle Tage bis zum Ende der Welt.

aus dem Matthäus-Evangelium 28,20b

Ich bin gekommen, damit sie das Leben haben und es in Fülle haben.

aus dem Johannes-Evangelium 10,10b

Das ist mein Gebot: Liebt einander, so wie ich euch geliebt habe.

aus dem Johannes-Evangelium 15,12

Wir wissen, dass Gott bei denen, die ihn lieben, alles zum Guten führt.

aus dem Römerbrief 8,28

Die Liebe erträgt alles, glaubt alles, hofft alles, hält allem stand. Die Liebe hört niemals auf.

aus dem ersten Korintherbrief 13,7–8

Seid wachsam, steht fest im Glauben, seid mutig, seid stark! Alles, was ihr tut, geschehe in Liebe.

aus dem ersten Korintherbrief 16,13–14

Alles vermag ich durch ihn, der mir Kraft gibt.

aus dem Philipperbrief 4,13

Gott hat uns nicht einen Geist der Verzagtheit gegeben, sondern den Geist der Kraft, der Liebe und der Besonnenheit.

aus dem zweiten Brief an Timotheus 1,7

Gott ist die Liebe, und wer in der Liebe bleibt, bleibt in Gott, und Gott bleibt in ihm.

aus dem ersten Johannesbrief 4,16

Lass die Liebe in deinem Herzen wurzeln, und es kann nur Gutes daraus hervorgehen.

Augustinus

Einen Menschen lieben, heißt einwilligen, mit ihm alt zu werden.

Albert Camus

Liebe ist das Einzige, was wächst, wenn wir es verschwenden.

Ricarda Huch

Wer den anderen liebt, lässt ihn gelten, so wie er ist, wie er gewesen ist und wie er sein wird.

Michael Quoist

Einen Menschen lieben, heißt, ihn so zu sehen, wie Gott ihn gemeint hat.

Fjodor Dostojewski

Alle Liebe, die gesät wird, geht einmal auf. Es ist nichts umsonst.

Gertrudis Reimann

Ich weiß, dass ich jemanden in meiner Nähe habe, dem ich rückhaltlos vertrauen kann, und das ist etwas, was Ruhe und Kraft gibt.

Edith Stein

Wer einen Menschen liebt, setzt für immer seine Hoffnung auf ihn.

Gabriel Marcel

Die Feier
der Trauung

Die kirchliche Trauung erfolgt innerhalb einer Messe oder in einer Wortgottesfeier. Beide Gottesdienstformen beginnen in der Regel mit dem EMPFANG DES BRAUTPAARES durch den Zelebranten* am Portal der Kirche und dem FEIERLICHEN EINZUG in die Kirche.

Nach der ERÖFFNUNG DES GOTTESDIENSTES begrüßt der Zelebrant das Brautpaar und die Gemeinde und führt in die Feier ein. Die Brautleute haben an dieser Stelle die Gelegenheit, der versammelten Gemeinschaft etwas von ihrer Freude, ihren Hoffnungen und Wünschen mitzuteilen, die sie mit ihrer Eheschließung verbinden.

Dem KYRIE und TAGESGEBET folgt der Wortgottesdienst: Die LESUNG(EN) aus dem Alten oder Neuen Testament kann das Brautpaar mit dem Priester oder Diakon aussuchen. Die Texte können von einem Teilnehmer oder einer Teilnehmerin der Feier (z.B. Trauzeugin) vorgetragen werden. Auf die Lesung folgt ein ANTWORTGESANG DER GEMEINDE.

Auch das EVANGELIUM kann gemeinsam ausgewählt werden und wird vom Zelebranten verkündet, der anschließend die Trauansprache (Predigt) hält, in der Lesung und Evangelium ausgelegt werden. Im Anschluss an die PREDIGT wird die Trauung gefeiert, an der Stelle, an der im Gottesdienst sonst das Glaubensbekenntnis von allen Gläubigen gesprochen wird.

* Der Zelebrant (von lateinisch celebrare für „feiern, preisen") ist der einer liturgischen Feier vorstehende Priester oder Diakon.

Befragung
nach der Bereitschaft zur christlichen Ehe

Braut und Bräutigam werden nach ihrer Bereitschaft zu einer christlichen Ehe befragt. Beide bekunden ihren freien Entschluss zu dieser Ehe. Die wesentlichen Merkmale der Ehe – die gegenseitige Liebe und Treue bis zum Tod sowie die Bereitschaft, Kindern das Leben zu schenken und sie im Geiste Christi und seiner Kirche zu erziehen – werden von beiden bejaht, und beide erkennen gemeinsam ihre Aufgabe an, als christliche Eheleute in ihrer Ehe und Familie, in Kirche und Welt zu leben. Das „Ja" auf die Fragen soll das Ergebnis reiflicher Überlegung sein und die bewusste Absicht feierlich und öffentlich bekunden, einander das Ehesakrament zu spenden und es als Gabe Christi und der Kirche zu empfangen.

Der Zelebrant lädt gegebenenfalls die Trauzeugen ein heranzutreten. Dann wendet er sich mit den folgenden oder ähnlichen Worten an die Brautleute:

Liebes Brautpaar! Sie sind in dieser entscheidenden Stunde Ihres Lebens nicht allein. Sie sind umgeben von Menschen, die Ihnen nahestehen. Sie dürfen die Gewissheit haben, dass Sie mit dieser (unserer) Gemeinde und mit allen Christen in der Gemeinschaft der Kirche verbunden sind. Zugleich sollen Sie wissen: Gott ist bei Ihnen. Er ist der Gott Ihres Lebens und Ihrer Liebe. Er heiligt Ihre Liebe und vereint Sie zu einem untrennbaren Lebensbund. Ich bitte Sie zuvor, öffentlich zu bekunden, dass Sie zu dieser christlichen Ehe entschlossen sind.

Der Zelebrant fragt zuerst den Bräutigam:

Zelebrant:
N., ich frage Sie: Sind Sie hierhergekommen, um nach reiflicher Überlegung und aus freiem Entschluss mit Ihrer Braut N. den Bund der Ehe zu schließen?

Bräutigam: Ja.

Zelebrant:
Wollen Sie Ihre Frau lieben und achten und ihr die Treue halten alle Tage ihres Lebens?

Bräutigam: Ja.

Der Zelebrant richtet dieselben Fragen an die Braut:

Zelebrant:
N., ich frage Sie: Sind Sie hierhergekommen, um nach reiflicher Überlegung und aus freiem Entschluss mit Ihrem Bräutigam N. den Bund der Ehe zu schließen?

Braut: Ja.

Zelebrant:
Wollen Sie Ihren Mann lieben und achten und ihm die Treue halten alle Tage seines Lebens?

Braut: Ja.

Die folgenden Fragen richtet der Zelebrant an beide Brautleute gemeinsam:

Zelebrant:
Sind Sie beide bereit, die Kinder anzunehmen, die Gott Ihnen schenken will, und sie im Geiste Christi und seiner Kirche zu erziehen?

Braut und Bräutigam: Ja.

Zelebrant:
Sind Sie beide bereit, als christliche Eheleute Mitverantwortung in der Kirche und in der Welt zu übernehmen?

Braut und Bräutigam: Ja.

Segnung der Ringe

Vor der Eheschließung werden die Ringe gesegnet. Die Trauringe sind Sinnbild der bleibenden Verbundenheit: So wie ein Ring keinen Anfang und kein Ende hat, so sollen auch Liebe und Treue niemals aufhören.

Der Zelebrant wendet sich an die Brautleute mit folgenden oder ähnlichen Worten:

Sie sind also beide zur christlichen Ehe bereit. Bevor Sie den Bund der Ehe schließen, werden die Ringe gesegnet, die Sie einander anstecken werden.

Die Ringe werden vor den Zelebranten gebracht. Dieser spricht darüber eines der folgenden Segensgebete. Anschließend kann er die Ringe mit Weihwasser besprengen.

A – Zelebrant:
Herr und Gott, du bist menschlichen Augen verborgen, aber dennoch in unserer Welt zugegen.
Wir danken dir, dass du uns deine Nähe schenkst, wo Menschen einander lieben.
Segne diese Ringe, segne diese Brautleute, die sie als Zeichen ihrer Liebe und Treue tragen werden. Lass in ihrer Gemeinschaft deine verborgene Gegenwart unter uns sichtbar werden. Darum bitten wir durch Christus, unseren Herrn.

Alle: Amen.

B – Zelebrant:
Treuer Gott, du hast mit uns einen unauflöslichen Bund geschlossen.
Wir danken dir, dass du uns beistehst.
Segne diese Ringe und verbinde die beiden, die sie tragen, in Liebe und Treue. Darum bitten wir durch Christus, unseren Herrn.

Alle: Amen.

Vermählung

Die Vermählung geschieht durch die beiderseitige Ehewillenserklärung: Bräutigam und Braut erklären öffentlich und in rechtsgültiger Form, dass sie sich in einem unwiderruflichen Bund einander anvertrauen und einander annehmen.

Die Brautleute können für die Erklärung des Ehewillens zwischen zwei Formen wählen: (A) dem Vermählungsspruch und (B) der Vermählung durch das Ja-Wort.

Beide Formen sind mit dem gegenseitigen Anstecken der Eheringe verbunden.

A: Vermählungsspruch

Wenn Bräutigam und Braut es wünschen, können sie den Vermählungsspruch auswendig sprechen. Der Zelebrant kann den Vermählungsspruch aber auch in Absätzen vorsprechen; die Brautleute sprechen die Teilsätze nach.

Der Zelebrant fordert die Brautleute auf, ihren Ehewillen zu erklären.

So schließen Sie jetzt vor Gott und vor der Kirche den Bund der Ehe, indem Sie das Vermählungswort sprechen. Dann stecken Sie einander den Ring der Treue an.

Die Brautleute wenden sich einander zu. Der Bräutigam nimmt den Ring der Braut und spricht:

N., vor Gottes Angesicht nehme ich dich an
als meine Frau.
Ich verspreche dir die Treue
in guten und bösen Tagen,
in Gesundheit und Krankheit,
bis der Tod uns scheidet.
Ich will dich lieben, achten und ehren
alle Tage meines Lebens.

Der Bräutigam steckt der Braut den Ring an und spricht:

Trag diesen Ring
als Zeichen unsrer Liebe und Treue:
Im Namen des Vaters und des Sohnes
und des Heiligen Geistes.

Danach nimmt die Braut den Ring des Bräutigams und spricht:

N., vor Gottes Angesicht nehme ich dich an
als meinen Mann.
Ich verspreche dir die Treue
in guten und bösen Tagen,
in Gesundheit und Krankheit,
bis der Tod uns scheidet.
Ich will dich lieben, achten und ehren
alle Tage meines Lebens.

Die Braut steckt dem Bräutigam den Ring an und spricht:

Trag diesen Ring
als Zeichen unsrer Liebe und Treue:
Im Namen des Vaters und des Sohnes
und des Heiligen Geistes.

B: Vermählung durch das Ja-Wort

Der Zelebrant fordert die Brautleute auf, durch das Ja-Wort ihren Ehewillen zu erklären.

So schließen Sie jetzt vor Gott und vor der Kirche den Bund der Ehe, indem Sie das Ja-Wort sprechen. Dann stecken Sie einander den Ring der Treue an.

Der Zelebrant fragt zunächst den Bräutigam:

N., ich frage Sie vor Gottes Angesicht: Nehmen Sie Ihre Braut N. an als Ihre Frau und versprechen Sie, ihr die Treue zu halten in guten und bösen Tagen, in Gesundheit und in Krankheit und sie zu lieben, zu achten und zu ehren, bis der Tod Sie scheidet?
(Dann sprechen Sie: Ja.)

Bräutigam: Ja.

Der Zelebrant fordert den Bräutigam auf:
Nehmen Sie den Ring, das Zeichen Ihrer Liebe und Treue, stecken Sie ihn an die Hand Ihrer Braut und sprechen Sie: „Im Namen des Vaters und des Sohnes und des Heiligen Geistes."

Der Bräutigam nimmt den Ring, steckt ihn der Braut an und spricht:

Im Namen des Vaters und des Sohnes und des Heiligen Geistes.

Der Zelebrant fragt nun die Braut:

N., ich frage Sie vor Gottes Angesicht: Nehmen Sie Ihren Bräutigam N. an als Ihren Mann und versprechen Sie, ihm die Treue zu halten in guten und bösen Tagen, in Gesundheit und Krankheit und ihn zu lieben, zu achten und zu ehren, bis der Tod Sie scheidet?
(Dann sprechen Sie: Ja.)

Braut: Ja.

Der Zelebrant fordert die Braut auf:

Nehmen Sie den Ring, das Zeichen Ihrer Liebe und Treue, stecken Sie ihn an die Hand Ihres Bräutigams und sprechen Sie: „Im Namen des Vaters und des Sohnes und des Heiligen Geistes."

Die Braut nimmt den Ring, steckt ihn dem Bräutigam an und spricht:

Im Namen des Vaters und des Sohnes und des Heiligen Geistes.

Bestätigung der Vermählung

Durch den Austausch der Ringe und das Ineinander-legen der Hände wird die Erklärung des Ehewillens bekräftigt und die gegenseitige Hingabe und Annahme verdeutlicht. Indem der Priester oder Diakon die Hände der Brautleute mit seiner Stola umwindet und selbst seine rechte Hand darauflegt, bestätigt er den Ehebund, der vor Gott und der Welt geschlossen wurde. Zugleich drückt er damit die von Gott zugesagte Zuwendung und Stärkung für die gerade geschlossene Ehe aus. Die Liebesbeziehung zwischen Braut und Bräutigam wird hineingenommen in den Liebesbund, den Gott in Jesus Christus mit den Menschen eingegangen ist.

Zelebrant:
Reichen Sie nun einander die rechte Hand. Gott der Herr hat Sie als Mann und Frau verbunden. Er ist treu. Er wird zu Ihnen stehen und das Gute, das er begonnen hat, vollenden.

Der Zelebrant legt die Stola um die ineinandergelegten Hände der Brautleute. Er legt seine rechte Hand darauf und spricht:

Im Namen Gottes und seiner Kirche bestätige ich den Ehebund, den Sie geschlossen haben.

Der Zelebrant wendet sich an die Trauzeugen und an die übrigen Versammelten und spricht:

Sie aber [N. und N. (die Trauzeugen)]
und alle, die zugegen sind,
nehme ich zu Zeugen dieses heiligen Bundes.
„Was Gott verbunden hat,
das darf der Mensch nicht trennen."

(Mt 19,6)

Feierlicher Trauungssegen

Der Priester oder Diakon spricht über die Brautleute den Feierlichen Trauungssegen. Er lobt Gott, dankt ihm für sein Handeln und erbittet dem Brautpaar seinen Segen. Der Trauungssegen macht die Zusage Gottes deutlich: Die Brautleute müssen ihren Eheweg nicht allein gehen.

Für das Segensgebet stehen verschiedene Möglichkeiten zur Auswahl, von denen eine hier abgedruckt ist.

Der Zelebrant lädt alle Versammelten mit folgenden Worten zum Gebet ein:

Lasst uns beten, Brüder und Schwestern, zu Gott, unserm Vater, und ihn um seinen Segen bitten für dieses Brautpaar. Er möge mit seiner Hilfe immer bei ihnen sein, die er heute vereint im heiligen Ehebund.

Es folgt eine Gebetsstille. Dann breitet der Zelebrant die Hände aus und spricht:

Heiliger Vater, Schöpfer der Welt, du hast Mann und Frau nach deinem Bilde geschaffen und ihre Gemeinschaft gesegnet. Wir bitten dich für N. und N., die sich hier im Sakrament der Ehe verbinden.

Der Zelebrant streckt seine Arme über die Brautleute aus:

Dein reicher Segen, Herr, komme herab auf Bräutigam und Braut, und die Kraft des Heiligen Geistes stärke ihre Liebe zueinander. (Lass sie mit Kindern gesegnet sein zu ihrer Freude und zur Freude deiner Kirche.) Gib ihnen die Gnade, dass sie in frohen Tagen dich loben, bei dir Trost finden in der Trauer, deine Hilfe spüren in der Not und bei all ihrem Tun deine Nähe erfahren. Steh ihnen bei, damit sie dir in der Gemeinschaft der Kirche danken und in der Welt Zeugnis für dich geben. Gib ihnen ein erfülltes Leben mit ihren Verwandten und Freunden und führe sie nach dieser Zeit zum ewigen Hochzeitsmahl.
Darum bitten wir durch Jesus Christus, deinen Sohn, unsern Herrn und Gott, der in der Einheit des Heiligen Geistes mit dir lebt und herrscht in alle Ewigkeit.

Alle: Amen.

Dem Feierlichen Trauungssegen können Gesang, Orgelspiel oder Instrumentalmusik folgen.

Fürbitten

In den Fürbitten betet die versammelte Gemeinde für das Brautpaar, dessen Familien, die lebenden und verstorbenen Verwandten, aber auch für die Anliegen der Kirche und der Welt, besonders für alle Eheleute und Familien.
Die Fürbitten können ausgewählt oder selbst formuliert werden; beim Vortragen können sich Eltern, Verwandte und Freunde der Brautleute beteiligen.

Zelebrant:
Im Namen unseres Herrn Jesus Christus versammelt, wenden wir uns voll Vertrauen an unseren Fürsprecher beim Vater im Himmel.

• Wir bitten für N. und N., die sich heute im Sakrament der Ehe einander anvertrauen, dass sie in der Treue feststehen und in Liebe füreinander da sind.

Herr, erhöre uns.

Alle: Erhöre uns, o Herr.

• Wir bitten dich für alle Ehepaare, dass sie die Liebe des anderen nie als selbstverständlich hinnehmen, sondern immer neu als Geschenk verstehen.

• Wir bitten dich für die verschiedenen Generationen – für Kinder, Eltern und Großeltern –, dass sie offen sind füreinander, die Eigenheiten jedes Lebensalters achten und einander beistehen.

• Wir bitten dich für unsere Gemeinde und die Kirche überall, dass sie Geborgenheit und Hilfe bietet für die Brautleute, die Familien, die Alleinerziehenden und die Alleinstehenden.

Zelebrant:
Denn in deinem Kommen, Herr Jesus Christus, hat Gott uns seine Treue erwiesen. Durch dich preisen wir den Vater in der Einheit des Heiligen Geistes, jetzt und in Ewigkeit.

Alle: Amen.

Beispiel für frei formulierte Fürbitten

Zelebrant:
Lasset uns voll Vertrauen beten zu Gott, unserem Vater, der die Liebe ist.

• Gott, unser Vater, wir bitten dich: Bewahre N. und N. zeitlebens ihre gegenseitige Verantwortung und ihr Vertrauen, damit sie auch in schwierigen Situationen füreinander den Blick der Liebe und das rechte Wort finden.

Alle: Wir bitten dich, erhöre uns.

• Bewahre ihnen den Mut des Anfangs und die Freude des Lebens. Schenke ihnen Ziele, auf die sie zugehen können, und immer genügend Rückenwind, damit sie vorankommen.

• Begleite mit deiner Liebe alle Eheleute und alle Familien auf ihrem gemeinsamen Weg. Schenke ihnen langen Atem, Geduld und Humor, damit sie einander in Güte annehmen können.

• Beschütze die Familien der Brautleute und alle, die ihnen in Freundschaft verbunden sind. Besonders bitten wir heute für diejenigen, die den Weg der beiden begleitet haben und bereits verstorben sind – und für alle Verstorbenen.

Zelebrant:
Herr, unser Gott, es ist dein Werk, wenn es in dieser Welt Liebe gibt und Menschen in Liebe zueinanderfinden. Wir bitten dich: Öffne unser Herz für das Wort der Liebe, für die Botschaft deines Sohnes. Amen.

Findet die Trauung innerhalb einer Wortgottesfeier statt, schließen sich an die Fürbitten direkt das VATERUNSER und das ABSCHLIESSENDE GEBET an.

Wird die Trauung innerhalb einer Messe gefeiert, schließt sich die EUCHARISTIEFEIER an.

Zum Abschluss der gottesdienstlichen Feier SEGNET DER ZELEBRANT DAS BRAUTPAAR und alle Anwesenden und spricht den Entlassungsruf. Nach dem Schlusslied erfolgt der FEIERLICHE AUSZUG der Neuvermählten.

Biblische Texte zur Auswahl

Lesungen aus dem Alten Testament

Aus dem Buch Genesis

Im Anfang schuf Gott Himmel und Erde. Und Gott sprach: Lasst uns Menschen machen als unser Abbild, uns ähnlich. Sie sollen herrschen über die Fische des Meeres, über die Vögel des Himmels, über das Vieh, über die ganze Erde und über alle Kriechtiere auf dem Land. Gott schuf also den Menschen als sein Abbild, als Abbild Gottes schuf er ihn. Als Mann und Frau schuf er sie. Gott segnete sie, und Gott sprach zu ihnen: Seid fruchtbar, und vermehrt euch, bevölkert die Erde, unterwerft sie euch, und herrscht über die Fische des Meeres, über die Vögel des Himmels und über alle Tiere, die sich auf dem Land regen.

Gott sah alles an, was er gemacht hatte: Es war sehr gut.

(Gen 1,26–28,31a)

Aus dem Buch Rut

In jenen Tagen gab Orpa ihrer Schwiegermutter Noomi den Abschiedskuss, während Rut nicht von ihr ließ. Noomi sagte: Du siehst, deine Schwägerin kehrt heim zu ihrem Volk und zu ihrem Gott. Folge ihr doch! Rut antwortete: Dränge mich nicht, dich zu verlassen und umzukehren. Wohin du gehst, dahin gehe auch ich, und wo du bleibst, da bleibe auch ich. Dein Volk ist mein Volk, und mein Gott ist dein Gott. Wo du stirbst, da sterbe auch ich, da will ich begraben sein. Der Herr soll mir dies und das antun – nur der Tod wird mich von dir scheiden.

(Rut 1,14b–17)

Aus dem Buch Kohelet

Alles hat seine Stunde.
Für jedes Geschehen unter dem Himmel
gibt es eine bestimmte Zeit:
Eine Zeit zum Gebären
und eine Zeit zum Sterben,
eine Zeit zum Pflanzen
und eine Zeit zum Abernten der Pflanzen,
eine Zeit zum Weinen
und eine Zeit zum Lachen
eine Zeit für die Klage
und eine Zeit für den Tanz,
eine Zeit zum Umarmen
und eine Zeit, die Umarmung zu lösen,
eine Zeit zum Suchen
und eine Zeit zum Verlieren,
eine Zeit zum Schweigen
und eine Zeit zum Reden,
eine Zeit zum Lieben
und eine Zeit zum Hassen.
Gott hat das alles zu seiner Zeit auf vollkommene Weise getan. Überdies hat er die Ewigkeit in alles hineingelegt, doch ohne dass der Mensch das Tun, das Gott getan hat, von seinem Anfang bis zu seinem Ende wieder finden könnte. Ich hatte erkannt: Es gibt kein

in allem Tun gründendes Glück, es sei denn, ein jeder freut sich, und so verschafft er sich Glück, während er noch lebt.

(Koh 3,1.2.4.5b.6a.7b.8a.11.12a)

Aus dem Buch Kohelet

Zwei sind besser als einer allein. Denn wenn sie hinfallen, richtet einer den anderen auf. Doch wehe dem, der allein ist, wenn er hinfällt, ohne dass einer bei ihm ist, der ihn aufrichtet. Außerdem: Wenn zwei zusammen schlafen, wärmt einer den anderen; einer allein – wie soll er warm werden? Und wenn jemand einen Einzelnen auch überwältigt, zwei sind ihm gewachsen, und eine dreifache Schnur reißt nicht so schnell.

(Koh 4,9a.10−12)

Aus dem Hohelied

Leg mich wie ein Siegel auf dein Herz,
wie ein Siegel an deinen Arm!
Stark wie der Tod ist die Liebe,
die Leidenschaft ist hart wie die Unterwelt.
Ihre Gluten sind Feuergluten,
gewaltige Flammen.
Auch mächtige Wasser
können die Liebe nicht löschen,
auch Ströme schwemmen sie nicht weg.
Böte einer für die Liebe
den ganzen Reichtum seines Hauses,
nur verachten würde man ihn.

(Hld 8,6−7)

Weitere Texte aus dem Alten Testament

Genesis 2,18−24
Es ist nicht gut, dass der Mensch allein bleibt

Tobit 8,4−9
Lass mich gemeinsam mit ihr ein hohes Alter erreichen

Buch der Sprichwörter 3,3−6
Nie sollen Liebe und Treue dich verlassen

Hohelied 2,8−10.14.16a; 8,6−7a
Geliebte und Geliebter über die Liebe

Jesaja 35,1−10
Jubel und Freude stellen sich ein

Jeremia 29,11−14a
Ich will euch eine Zukunft geben

Hosea 2,21−22
Ich traue mich dir an auf ewig

Lesungen aus dem Neuen Testament

Aus dem Brief an die Römer

Bleibt niemand etwas schuldig; nur die Liebe schuldet ihr einander immer. Wer den andern liebt, hat das Gesetz erfüllt. Denn die Gebote: Du sollst nicht die Ehe brechen, du sollst nicht töten, du sollst nicht stehlen, du sollst nicht begehren!, und alle anderen Gebote sind in dem einen Satz zusammengefasst: Du sollst deinen Nächsten lieben wie dich selbst. Die Liebe tut dem Nächsten nichts Böses. Also ist die Liebe die Erfüllung des Gesetzes.

(Röm 13,8–10)

Aus dem ersten Brief an die Korinther

Strebt nach den höheren Gnadengaben! Ich zeige euch jetzt noch einen anderen Weg, einen, der alles übersteigt:

Wenn ich in den Sprachen der Menschen und der Engel redete, hätte aber die Liebe nicht, wäre ich dröhnendes Erz oder eine lärmende Pauke.

Und wenn ich prophetisch reden könnte und alle Geheimnisse wüsste und alle Erkenntnis hätte; wenn ich alle Glaubenskraft besäße und Berge damit versetzen könnte, hätte aber die Liebe nicht, wäre ich nichts.

Und wenn ich meine ganze Habe verschenkte, und wenn ich meinen Leib dem Feuer übergäbe, hätte aber die Liebe nicht, nützte es mir nichts.

Die Liebe ist langmütig,
die Liebe ist gütig.
Sie ereifert sich nicht,
sie prahlt nicht,
sie bläht sich nicht auf.
Sie handelt nicht ungehörig,
sucht nicht ihren Vorteil,
lässt sich nicht zum Zorn reizen,
trägt das Böse nicht nach.
Sie freut sich nicht über das Unrecht,
sondern freut sich an der Wahrheit.
Sie erträgt alles,
glaubt alles,
hofft alles,
hält allem stand.
Die Liebe hört niemals auf.

(1 Kor 12,31–13,8a)

Aus dem Brief an die Epheser

Ihr Männer, liebt eure Frauen, wie Christus die Kirche geliebt und sich für sie hingegeben hat, um sie im Wasser und durch das Wort rein und heilig zu machen. So will er die Kirche herrlich vor sich erscheinen lassen, ohne Flecken, Falten oder andere Fehler; heilig soll sie sein und makellos. Darum sind die Männer verpflichtet, ihre Frauen so zu lieben wie ihren eigenen Leib. Wer seine Frau liebt, liebt sich selbst. Keiner hat je seinen eigenen Leib gehasst, sondern er nährt und pflegt ihn, wie auch Christus die Kirche. Denn wir sind

Glieder seines Leibes. Darum wird der Mann Vater und Mutter verlassen und sich an seine Frau binden, und die zwei werden ein Fleisch sein. Dies ist ein tiefes Geheimnis; ich beziehe es auf Christus und die Kirche. Was euch angeht, so liebe jeder von euch seine Frau wie sich selbst, die Frau aber ehre den Mann.

(Eph 5,25–33)

Aus dem Brief an die Philipper

Freut euch im Herrn zu jeder Zeit! Noch einmal sage ich: Freut euch! Eure Güte werde allen Menschen bekannt. Der Herr ist nahe. Sorgt euch um nichts, sondern bringt in jeder Lage betend und flehend eure Bitten mit Dank vor Gott. Und der Friede Gottes, der alles Verstehen übersteigt, wird eure Herzen und eure Gedanken in der Gemeinschaft mit Christus Jesus bewahren. Schließlich, Brüder: Was immer wahrhaft, edel, recht, was lauter, liebenswert, ansprechend ist, was Tugend heißt und lobenswert ist, darauf seid bedacht! Was ihr gelernt und angenommen, gehört und an mir gesehen habt, das tut! Und der Gott des Friedens wird mit euch sein.

(Phil 4,4–9)

Aus dem Brief an die Kolosser

Ihr seid von Gott geliebt, seid seine auserwählten Heiligen. Darum bekleidet euch mit aufrichtigem Erbarmen, mit Güte, Demut, Milde, Geduld! Ertragt euch gegenseitig, und vergebt einander, wenn einer dem anderen etwas vorzuwerfen hat. Wie der Herr euch vergeben hat, so vergebt auch ihr! Vor allem aber liebt einander, denn die Liebe ist das Band, das alles zusammenhält und vollkommen macht. In eurem Herzen herrsche der Friede Christi; dazu seid ihr berufen als Glieder des einen Leibes. Seid dankbar!

(Kol 3,12–15)

Weitere Texte aus dem Neuen Testament

Brief an die Römer 12,9–18
Seid fröhlich in der Hoffnung

Brief an die Epheser 3,14–21
Die Liebe Christi verstehen

Evangelientexte

Aus dem Evangelium nach Matthäus

Ihr seid das Salz der Erde. Wenn das Salz seinen Geschmack verliert, womit kann man es wieder salzig machen? Es taugt zu nichts mehr; es wird weggeworfen und von den Leuten zertreten.

Ihr seid das Licht der Welt. Eine Stadt, die auf einem Berg liegt, kann nicht verborgen bleiben. Man zündet auch nicht ein Licht an und stülpt ein Gefäß darüber, sondern man stellt es auf den Leuchter, dann leuchtet es allen im Haus. So soll euer Licht vor den Menschen leuchten, damit sie eure guten Werke sehen und euren Vater im Himmel preisen.

(Mt 5,13–16)

Aus dem Evangelium nach Matthäus

Nicht jeder, der zu mir sagt: Herr! Herr!, wird in das Himmelreich kommen, sondern nur, wer den Willen meines Vaters im Himmel erfüllt. Wer diese meine Worte hört und danach handelt, ist wie ein kluger Mann, der sein Haus auf Fels baute. Als nun ein Wolkenbruch kam und die Wassermassen heranfluteten, als die Stürme tobten und an dem Haus rüttelten, da stürzte es nicht ein; denn es war auf Fels gebaut. *(Mt 7,21.24–25)*

Aus dem Evangelium nach Matthäus

Weiter sage ich euch: Alles, was zwei von euch auf Erden gemeinsam erbitten, werden sie von meinem himmlischen Vater erhalten. Denn wo zwei oder drei in meinem Namen versammelt sind, da bin ich mitten unter ihnen.

(Mt 18,19–20)

Aus dem Evangelium nach Matthäus

Da kamen Pharisäer zu ihm, die ihm eine Falle stellen wollten, und fragten: Darf man seine Frau aus jedem beliebigen Grund aus der Ehe entlassen? Er antwortete: Habt ihr nicht gelesen, dass der Schöpfer die Menschen am Anfang als Mann und Frau geschaffen hat und dass er gesagt hat: Darum wird der Mann Vater und Mutter verlassen und sich an seine Frau binden, und die zwei werden ein Fleisch sein? Sie sind also nicht mehr zwei, sondern eins. Was aber Gott verbunden hat, das darf der Mensch nicht trennen.

(Mt 19,3–6)

Aus dem Evangelium nach Lukas

In jener Zeit sagte Jesus zu seinen Jüngern: Sorgt euch nicht um euer Leben und darum, dass ihr etwas zu essen habt, noch um euren Leib und darum, dass ihr etwas anzuziehen habt. Das Leben ist wichtiger als die Nahrung und der Leib wichtiger als die Kleidung. Seht auf die Raben: Sie säen nicht und ernten nicht, sie haben keinen Speicher und keine Scheune; denn Gott ernährt sie. Wie viel mehr seid ihr wert als die Vögel! Wer von euch kann mit all seiner Sorge sein Leben auch nur um eine kleine Zeitspanne verlängern? Wenn ihr nicht einmal etwas so Geringes könnt, warum macht ihr euch dann Sorgen um all das Übrige? Seht euch die Lilien an: Sie arbeiten nicht und spinnen nicht. Doch ich sage euch: Selbst Salomo war in all seiner Pracht nicht gekleidet wie eine von ihnen. *(Lk 12,22b–27)*

Aus dem Evangelium nach Lukas

So erreichten sie das Dorf, zu dem sie unterwegs waren. Jesus tat, als wolle er weitergehen, aber sie drängten ihn und sagten: Bleib doch bei uns; denn es wird bald Abend, der Tag hat sich schon geneigt. Da ging er mit ihnen hinein, um bei ihnen zu bleiben. Und als er mit ihnen bei Tisch war, nahm er das Brot, sprach den Lobpreis, brach das Brot und gab es ihnen. Da gingen ihnen die Augen auf, und sie erkannten ihn; dann sahen sie ihn nicht mehr. Und sie sagten zueinander: Brannte uns nicht das Herz in der Brust, als er unterwegs mit uns redete und uns den Sinn der Schrift erschloss? *(Lk 24,28-32)*

Aus dem Evangelium nach Johannes

Am dritten Tag fand in Kana in Galiläa eine Hochzeit statt, und die Mutter Jesu war dabei. Auch Jesus und seine Jünger waren zur Hochzeit eingeladen. Als der Wein ausging, sagte die Mutter Jesu zu ihm: Sie haben keinen Wein mehr. Jesus erwiderte ihr: Was willst du von mir, Frau? Meine Stunde ist noch nicht gekommen. Seine Mutter sagte zu den Dienern:

Was er euch sagt, das tut! Es standen dort sechs steinerne Wasserkrüge, wie es der Reinigungsvorschrift der Juden entsprach; jeder fasste ungefähr hundert Liter. Jesus sagte zu den Dienern: Füllt die Krüge mit Wasser! Und sie füllten sie bis zum Rand. Er sagte zu ihnen: Schöpft jetzt und bringt es dem, der für das Festmahl verantwortlich ist. Sie brachten es ihm. Er kostete das Wasser, das zu Wein geworden war. Er wusste nicht, woher der Wein kam; die Diener aber, die das Wasser geschöpft hatten, wussten es. Da ließ er den Bräutigam rufen und sagte zu ihm: Jeder setzt zuerst den guten Wein vor und erst, wenn die Gäste zu viel getrunken haben, den weniger guten. Du jedoch hast den guten Wein bis jetzt zurückgehalten. So tat Jesus sein erstes Zeichen, in Kana in Galiläa, und offenbarte seine Herrlichkeit, und seine Jünger glaubten an ihn.

(Joh 2,1–11)

Aus dem Evangelium nach Johannes

Ich bin der wahre Weinstock, und mein Vater ist der Winzer. Jede Rebe an mir, die keine Frucht bringt, schneidet er ab, und jede Rebe, die Frucht bringt, reinigt er, damit sie mehr Frucht bringt. Ihr seid schon rein durch das Wort, das ich zu euch gesagt habe. Bleibt in mir, dann bleibe ich in euch. Wie die Rebe aus sich keine Frucht bringen kann, sondern nur, wenn sie am Weinstock bleibt, so könnt auch ihr keine Frucht bringen, wenn ihr nicht in mir bleibt. Ich bin der Weinstock, ihr seid die Reben. Wer in mir bleibt und in wem ich bleibe, der bringt reiche Frucht; denn getrennt von mir könnt ihr nichts vollbringen.

(Joh 15,1–5)

Aus dem Evangelium nach Johannes
Wie mich der Vater geliebt hat, so habe auch ich euch geliebt. Bleibt in meiner Liebe! Wenn ihr meine Gebote haltet, werdet ihr in meiner Liebe bleiben, so wie ich die Gebote meines Vaters gehalten habe und in seiner Liebe bleibe. Dies habe ich gesagt, damit meine Freude in euch ist und damit eure Freude vollkommen wird. Das ist mein Gebot: Liebt einander, so wie ich euch geliebt habe.

(Joh 15,9–12)

Aus dem Evangelium nach Johannes
Das ist mein Gebot: Liebt einander, wie ich euch geliebt habe. Es gibt keine größere Liebe, als wenn einer sein Leben für seine Freunde hingibt. Ihr seid meine Freunde, wenn ihr tut, was ich euch auftrage. Ich nenne euch nicht mehr Knechte; denn der Knecht weiß nicht, was sein Herr tut. Vielmehr habe ich euch Freunde genannt; denn ich habe euch alles mitgeteilt, was ich von meinem Vater gehört habe. Nicht ihr habt mich erwählt, sondern ich habe euch erwählt und dazu bestimmt, dass ihr euch aufmacht und Frucht bringt und dass eure Frucht bleibt. Dann wird euch der Vater alles geben, um was ihr ihn in meinem Namen bittet. Dies trage ich euch auf: Liebt einander! *(Joh 15,12–17)*

Weitere Evangelientexte

Matthäus 5,1–12a
Freut euch und jubelt: Euer Lohn im Himmel wird groß sein

Markus 4,35–41
Der Sturm auf dem See

Lukas 8,4–15
Gleichnis vom Sämann

Johannes 17,20–26
Dass alle eins seien

Gebete, Texte, & Gedanken

Gebete

Wie Eheleute ihr Leben miteinander teilen – zunächst zu zweit und später mit den Kindern – wie sie gemeinsam essen und trinken, reden und schweigen, lachen und weinen, so sollen sie auch gemeinsam ihre Anliegen vor Gott tragen. Für sie gilt in besonderer Weise das Wort Jesu: „Denn wo zwei oder drei in meinem Namen versammelt sind, da bin ich mitten unter ihnen" (Mt 18,20). In der Gewissheit, dass Gott mit ihnen ist und vorbehaltlos zu ihnen steht, können sie sich immer wieder vertrauensvoll an ihn wenden.

Grundgebete

Im Namen des Vaters und des Sohnes und des Heiligen Geistes. Amen.

Vater unser im Himmel,
geheiligt werde dein Name.
Dein Reich komme.
Dein Wille geschehe,
wie im Himmel so auf Erden.
Unser tägliches Brot gib uns heute.
Und vergib uns unsere Schuld,
wie auch wir vergeben unsern Schuldigern.
Und führe uns nicht in Versuchung,
sondern erlöse uns von dem Bösen.
Denn dein ist das Reich und die Kraft und die Herrlichkeit in Ewigkeit.
Amen.

Gegrüßet seist du, Maria, voll der Gnade, der Herr ist mit dir. Du bist gebenedeit unter den Frauen, und gebenedeit ist die Frucht deines Leibes, Jesus. Heilige Maria, Mutter Gottes, bitte für uns Sünder jetzt und in der Stunde unseres Todes. Amen.

Ehre sei dem Vater und dem Sohn und dem Heiligen Geist, wie im Anfang, so auch jetzt und alle Zeit und in Ewigkeit. Amen.

Gebete der Liebenden

Vater, wir danken dir, dass du uns füreinander geschaffen hast, dass wir uns begegnet sind und einander lieben. Lass die Liebe in uns wachsen, damit wir uns immer besser verstehen und uns gegenseitig glücklich machen. Alle wahre Liebe stammt von dir und führt zu dir.
Du hast unserm Leben durch diese Liebe einen neuen Inhalt und ein neues Ziel gegeben. Zeig uns den richtigen Weg zu diesem Ziel und hilf uns ihn gehen.

nach Gotteslob 24,2

Herr Jesus Christus, du hast uns im Sakrament der Ehe miteinander verbunden.
Dafür danken wir dir. Wir danken dir für alle Liebe, die wir einander geben dürfen.

Wir danken dir für die Freude, die wir aneinander haben.
Wir bitten dich: Halte unsere Liebe Tag für Tag in uns wach. Lass sie nicht verschüttet werden von dem Einerlei und der Geschäftigkeit des Alltags. Lass es nicht geschehen, dass wir uns nichts mehr zu sagen haben und wie Fremde nebeneinanderherleben. Gib uns Zeit und Interesse füreinander. Zeig uns, wie wir unser gemeinsames Leben immer wieder neu gestalten können.
Lass uns die Eigenarten des anderen ertragen, die uns oft ärgern. Mach uns bereit zur Verzeihung und Versöhnung. Hilf uns in unseren Entscheidungen. Gib uns die Kraft, alles Schwere, das uns trifft, gemeinsam zu tragen. Gib uns dafür täglich deine Gnade.

Manfred Probst/Klemens Richter

Guter Gott, du Gott des Lebens
und Quelle jeder Liebe!
Wir sehnen uns danach,
dass unsere Liebe lebendig bleibt
auf unserem gemeinsamen Weg.
Wir wollen uns treu bleiben
und den Zauber des Anfangs bewahren
als kostbares Geschenk aus deiner Hand.

Wirke in uns,
damit wir die Zärtlichkeit nicht vergessen,
und das Staunen übereinander
nicht verlieren.

Du hast uns wunderbar erschaffen, und im Partner, in der Partnerin begegnen wir dir. Schenke uns deine Zuversicht und deine Wegbegleitung durch Christus, unseren Herrn. Amen.

aus: Zueinander aufbrechen

Oh Herr, mach mich zum Werkzeug
deines Friedens,
dass ich Liebe übe,
wo man sich hasst;
dass ich verzeihe,
wo man sich beleidigt;
dass ich verbinde,
wo Streit ist;
dass ich die Wahrheit sage,
wo Irrtum herrscht;
dass ich Hoffnung wecke,
wo Verzweiflung quält;
dass ich ein Licht anzünde,
wo Finsternis regiert;
dass ich Freude bringe,
wo Kummer wohnt.
Herr, lass mich trachten,
nicht dass ich getröstet werde,
sondern dass ich tröste;
nicht dass ich verstanden werde,
sondern dass ich verstehe;
nicht dass ich geliebt werde,
sondern dass ich liebe.

Franz von Assisi zugeschrieben

Irischer Hochzeitssegen

In eurer Ehe möge es keinen Tag geben,
an dem ihr sagen müsst:
Damals haben wir uns geliebt,
heute ist die Liebe gestorben.
Keinen Tag, an dem ihr sagt:
Wir haben keine Freunde, die uns verstehen,
die mit uns sprechen, die uns zuhören,
die uns helfen, die mit uns leiden,
die sich mit uns freuen.
Keinen Tag, an dem ihr sagt:
Ich bin allein, du bist mir fremd.
Ihr möget einander Gutes tun,
einander trösten und verzeihen.
Eure Liebe bleibe phantasievoll und lebendig,
und eure Sehnsüchte mögen sich erfüllen.
Die Tür eurer Wohnung möge offen sein
für Menschen, die euch wichtig sind
und denen ihr wichtig seid.
Die Rat geben und denen ihr raten könnt.
Eure Ehe bleibe spannend,
und ihr möget alle Spannungen aushalten.
Eure Ehe bleibe glücklich,
indem ihr eurer Treue traut,
euch in der Treue Gottes aufgehoben wisst.
Dann wird für Euch und für andere
Eure Ehe ein Zeichen der Hoffnung
und des Mutes.
Gottes Liebe möge in eurer Liebe greifbar
und spürbar werden,
denn Gott will in uns sichtbar werden.

Quelle unbekannt

Gebete in schweren Stunden

Vater im Himmel, ich hätte nie gedacht,
dass wir einander so wehtun können.
Ich erkenne immer mehr, wie schwer es ist
zu lieben und wie schwach wir sind.
Hilf uns, dass wir einander verzeihen können.
Lass uns erkennen, was wir falsch gemacht
haben. Lass uns immer wieder einen Weg
finden, der uns zueinander führt.
Lass unsere Liebe nicht untergehen,
sondern reifer werden.
Hilf uns, Herr!

Gotteslob 24,4

Guter Gott,
du hast jeden Menschen
in seiner Einzigartigkeit erdacht
und ins Leben gerufen.
Du liebst ihn so, wie er ist.
Uns fällt es oft schwer, uns selbst zu lieben.
Wir wären gern anders,
mutiger, klüger, stärker, begabter.
Und auch unser Ehepartner
und unsere Kinder sind nicht immer so,
wie wir sie gerne hätten.

Hilf du uns zu verstehen,
dass du jeden von uns
gerade so willst, wie er ist,
dass er gerade so
liebenswert ist.

Zeige uns Wege und Möglichkeiten,
wie wir einander helfen können,
uns selbst anzunehmen,
unsere Fähigkeiten zu entfalten
und in der Liebe zu wachsen.
Amen.   *aus: Der Liebe Raum geben*

Gebete für die Kinder

Herr und Gott, wir erwarten unser Kind. Wir möchten so gern, dass es ein gesundes und fröhliches Kind wird. Aber wir wollen es annehmen, wie du es uns gibst.
Nun bitten wir dich: schenke ihm deine Liebe. Wir wollen es schützen, so gut wir können, schon jetzt, da wir es erwarten. Hilf in der Stunde der Geburt.
Wir wollen unser Kind aufnehmen in deinem Namen und ihm den Weg zeigen, auf dem es dich finden kann. Schenke ihm ein erfülltes und glückliches Leben, und lass es zum Segen werden für alle, die ihm begegnen.
Nimm es allzeit in deinen Schutz.
Gotteslob 25,1

Gütiger Gott, wir haben uns nach diesem Kind gesehnt, und schon unsere Vorfreude in der Schwangerschaft war sehr groß.
Nun bestaunen wir dankbar und ehrfürchtig das kleine Wunder, das uns geschenkt ist.
Wir bitten dich: Begleite uns und unser Kind mit deinem Segen. Lass es beschützt und froh ins Leben gehen. Segne unsere Liebe, damit wir gute Eltern sein und dabei ein Liebespaar bleiben können.   *Renate Holze*

Mein Kind!
Der Herr sei vor dir,
um dir den Weg zu weisen.
Der Herr sei neben dir,
um dich in die Arme zu schließen,
um dich zu schützen vor aller Gefahr.
Der Herr sei hinter dir,
um dich zu bewahren vor der
Heimtücke böser Menschen.
Der Herr sei in dir, um dich zu trösten,
wenn du traurig bist.
Der Herr umgebe dich wie eine schützende
Mauer,
wenn andere dir Böses wollen.
Der Herr sei über dir, um dich zu segnen.
So segne dich der gütige Gott –
Heute und morgen und allezeit.
Hl. Patrick von Irland

Wir bitten dich, o Gott,
um Leben, damit wir sehen können,
wie unsere Kinder heranwachsen;
um Geduld, damit wir sie lehren können,
ohne sie zu bevormunden;
um Weisheit, damit unsere Taten
sie nicht mit Vorurteilen belasten;
um Liebe, damit wir sie zu ihrem Ziel
führen können;
um Segen, damit wir zu dem Weg,
den sie einschlagen werden,
ja sagen können.   *aus Bolivien*

Spruchweisheiten

Wir träumen davon, einen Menschen zu finden, der ganz eins mit uns ist. Weder erfüllt sich der Traum, noch wird er vergebens geträumt; wer ihn nicht träumt, hat von der Liebe nie etwas erfahren.

Friedrich Georg Jünger

Liebe ist nie Besitz und kann auch nicht auf Vorrat angelegt werden.

Ulrich Schaffer

Glück entsteht oft durch Aufmerksamkeit in kleinen Dingen, Unglück oft durch Vernachlässigung kleiner Dinge.

Wilhelm Busch

Den anderen annehmen heißt, nicht nur seine Grenzen, sondern auch seine Fähigkeiten bejahen.

Kyrilla Spieker

Die Liebe ist wie das Leben selbst kein bequemer und ruhiger Zustand, sondern ein großes, ein wunderbares Abenteuer. Lieben heißt – zum anderen sagen: „Du wirst nicht untergehen.“

Gabriel Marcel

Liebende leben von der Vergebung.

Manfred Hausmann

Der Frieden ist die Grundlage ehelichen Glücks.

aus dem Talmud

Wir wollen uns nie so ganz zu besitzen glauben, dass wir uns nicht noch nach einander sehnen müssten.

Christian Morgenstern

Eben darin besteht ja die Liebe, das Wunderbare an der Liebe, dass sie uns in der Schwebe des Lebendigen hält, in der Bereitschaft, einem Menschen zu folgen in allen seinen möglichen Entfaltungen.

Max Frisch

Die Ehe ist eine Brücke, die man täglich bauen muss, am besten von beiden Seiten.

Ulrich Beer

Texte, Gedichte und Geschichten

Ich möchte dich unentwegt anschauen,
aber dann ständen wir immer gegeneinander.
Ich möchte dich umarmen
und meine Arme nie mehr öffnen,
aber dann kämen wir keinen Schritt weiter.
Darum wollen wir einander
bei der Hand nehmen,
in dieselbe Richtung schauen
und auf dasselbe Ziel zugehen.
So werde ich dich immer besser
kennenlernen,
und du wirst immer mehr erfahren,
wer ich bin.
Ich werde verstehen,
wie du denkst und fühlst,
wie du die Menschen und das Leben siehst.
Ich werde lernen mit dir zu denken,
mit deinen Augen zu sehen
und mit deinem Herzen zu empfinden.
Ich werde nicht versuchen,
dich nach meinen Wünschen umzuformen.
Wer den anderen liebt,
lässt ihn gelten, so wie er ist,
wie er gewesen ist
und wie er sein wird.

aus: Trauungsmappe, Bistum Eichstätt

Morgens und abends zu lesen
Der, den ich liebe
Hat mir gesagt
Daß er mich braucht.
Darum
Gebe ich auf mich acht
Sehe auf meinen Weg und
Fürchte von jedem Regentropfen
Daß er mich erschlagen könnte.

Bertolt Brecht

Liebesgedichte
Die schönsten Liebesgedichte
werden nicht aufgeschrieben,
sondern gelebt.

Alle Liebesgedichte
sind letzten Endes
Gedichte für Gott.

Christine Busta

Erwiderung
Du hast gesagt, dass ich schön bin.
Wenn du mich wirklich so siehst,
siehst du das Gute in mir,
das dir zuströmen will,
ist es die Liebe, die sichtbar macht,
wie ich dein Verborgenes anschaue,
wie ich von dir erkannt sein möchte.

Nimm mich an, wie ich dich annehme,
sag nur, dass du mich liebst,
und wir werden einander
schöner werden von Jahr zu Jahr.

Christine Busta

Vielleicht verbindet uns nichts so

wie die tägliche Treue zum Leben, die fast
   namenlos ist
und doch den Boden unter unseren Füßen
   bedeutet.
Du denkst daran anzurufen, wenn du später
   kommst.
Ich nehme die Post mit, die du an der Tür
   abgelegt hast.
Du räumst ab, wenn ich zu müde dafür bin,
und ich erinnere dich an den Geburtstag
   deiner Mutter.
Du bringst mir eine Überraschung mit,
   aber nicht das Geschenk macht mich reich,
sondern dein Bedürfnis, an mich zu denken. ...
Wir schweigen gemeinsam vor dem großen
   Sonnenuntergang
und finden einander in der Stille.
Ein Blick genügt, und ich weiß, was in deinem
   Kopf vorgeht,
ein anderer Blick sagt mir, dass ich diesmal
   nicht weiß, was du denkst.
Ich lasse mich fallen in deine Stimme,
die zwei Zimmer weiter meinen Namen ruft.
Im Vorübergehen berühre ich dich
in einer Form von Liebe, die keinen Namen hat.
Wie ein stiller Fluss strömt es von mir zu dir
   und zurück ...
Ich spüre die Reife –
weg von der lauten Leidenschaft
in die Wirklichkeit der zarten Zuwendung.
Ein Weg, der so lang ist wie ein Leben.

Ulrich Schaffer

Die Liebe

Die liebe
ist eine wilde rose in uns
Sie schlägt ihre wurzeln
in den augen,
wenn sie dem blick des geliebten begegnen
Sie schlägt ihre wurzeln
in den wangen,
wenn sie den hauch des geliebten spüren
Sie schlägt ihre wurzeln
in der haut des armes,
wenn ihn die hand des geliebten berührt
Sie schlägt ihre wurzeln,
wächst wuchert
und eines abends
oder eines morgens
fühlen wir nur:
sie verlangt
raum in uns

Die liebe
ist eine wilde rose in uns,
unerforschbar vom verstand
und ihm nicht untertan
Aber der verstand
ist ein messer in uns

Der verstand
ist ein messer in uns,
zu schneiden der rose
durch hundert zweige
einen himmel

Reiner Kunze

Rudern zwei

Rudern zwei
ein boot,
der eine
kundig der sterne,
der andre
kundig der stürme,
wird der eine
führn durch die sterne,
wird der andre
führn durch die stürme,
und am ende ganz am ende
wird das meer in der erinnerung
blau sein.

Reiner Kunze

Und der kleine Prinz kam zum Fuchs zurück. „Adieu", sagte er ... „Adieu", sagte der Fuchs. „Hier ist mein Geheimnis. Es ist ganz einfach: Man sieht nur mit dem Herzen gut. Das Wesentliche ist für die Augen unsichtbar."

„Das Wesentliche ist für die Augen unsichtbar", wiederholte der kleine Prinz, um es sich zu merken. „Die Zeit, die du für deine Rose verloren hast, sie macht deine Rose so wichtig."

„Die Zeit, die ich für meine Rose verloren habe ...", sagte der kleine Prinz, um es sich zu merken.

„Die Menschen haben diese Wahrheit vergessen", sagte der Fuchs.

„Aber du darfst sie nicht vergessen. Du bist zeitlebens für das verantwortlich, was du dir vertraut gemacht hast. Du bist für deine Rose verantwortlich ..."

„Ich bin für meine Rose verantwortlich ...", wiederholte der kleine Prinz, um es sich zu merken.

Antoine de Saint-Exupéry

Voll Vertrauen
lege ich meine Hand
in deine Hand.
Du gibst mir Halt
und begleitest meinen Weg.
Bei dir kann ich
bei mir selbst zu Hause sein.
Meine Tränen
und mein Lachen
sind bei dir
gut aufgehoben.
Meine Sehnsucht
schließt du in deine Arme.
Meine Träume
können bei dir
in den Himmel steigen.
Meine Seele
kann sich bei dir ausruhen.
Liebevoll
achtest du meine Grenzen
wägst du ab
zwischen
Distanz und Nähe.
Bei dir darf ich
aufatmen
und ich selbst sein.

Roswitha Paas

Meine Augen
versinken in deinen Augen
in denen sich
Hunderte von
Funken spiegeln.
Dein Lächeln
wärmt mich von innen.
Vorsichtig tastend
suchen meine Finger
dein Gesicht
um es festzuhalten
suchen sich unsere Lippen
legt sich
wie ein wärmender Mantel
die Zärtlichkeit
über uns zwei.

Roswitha Paas

Eine Kaulquappe hatte einen Weißfisch ge-ehelicht. Als ihre Beine wuchsen und sie ein Frosch zu werden begann, sagte sie eines Morgens zu ihm:
„Martha, ich werde jetzt bald einer Berufung aufs Festland nachkommen müssen, es wird angebracht sein, dass du dich beizeiten daran gewöhnst, auf dem Lande zu leben."
„Aber um Himmels willen!", rief der Weißfisch verstört. „Bedenke doch, Lieber: meine Flossen! Die Kiemen!" Die Kaulquappe sah seufzend zur Decke empor. „Liebst du mich, oder liebst du mich nicht?" „Ei, aber ja", hauchte der Weißfisch ergeben. „Na also", sagte die Kaulquappe.

Wolfdietrich Schnurre

Dich
nicht näher denken
und dich nicht weiter denken
dich denken wo du bist
weil du dort wirklich bist

Dich nicht älter denken
und dich nicht jünger denken
nicht größer nicht kleiner
nicht hitziger und nicht kälter

Dich denken und mich nach dir sehnen
dich sehen wollen
und dich lieb haben
so wie du wirklich bist

Erich Fried

Liebes-Lied
Wie soll ich meine Seele halten, daß
sie nicht an deine rührt? Wie soll ich sie
hinheben über dich zu anderen Dingen?
Ach gerne möcht ich sie bei irgendwas
Verlorenem im Dunkel unterbringen
an einer fremden stillen Stelle, die
nicht weiterschwingt, wenn deine Tiefen
schwingen.
Doch alles, was uns anrührt, dich und mich,
nimmt uns zusammen wie ein Bogenstrich,
der aus zwei Saiten eine Stimme zieht.
Auf welches Instrument sind wir gespannt?
Und welcher Geiger hat uns in der Hand?
O süßes Lied.

Rainer Maria Rilke

Ein Mann kam zum Rabbi, um sich Rat zu holen.

„Es geht um meine Frau", sagte er. „Sie war eine so tüchtige Frau. Jederzeit stand sie mir zur Seite. Sie war den Kindern eine gute Mutter, brachte den Garten zum Blühen und hatte stets eine offene Tür für Gäste.

Im Streit zwischen uns fand sie die ersten Worte zur Versöhnung. Sie war eine kluge und schöne Frau, von vielen bewundert oder auch beneidet. Sie konnte lachen und singen und ihre Umgebung fröhlich machen."

„Nun", sagte der Rabbi, „da gratuliere ich dir, aber wo liegt das Problem?"

„Angefangen hat es vor einem halben Jahr", sagte der Mann. „Meine Frau wurde immer schweigsamer. Die Arbeit wurde für sie – so schien es – eine schwierige Last. Sie verlor die Geduld mit den Kindern und die Freude an Gästen und zog sich immer mehr zurück. Ich höre sie nun weder singen noch lachen."

„Das", sagte der Rabbi, „ist eine sehr traurige Geschichte, vor allem, weil alles vorher so anders war. Ich war sehr erfreut darüber, wie viel Gutes du über deine Frau berichtet hast, aber ich frage dich: Hast du je deiner Frau deine Bewunderung und Anerkennung mitgeteilt – bei all ihren Mühen und Sorgen während eures gemeinsamen Weges?"

„Nun", sagte der Mann, „es war für meine Frau selbstverständlich, was sie tat. Sie wusste doch, dass ich sie liebe. Es war nicht üblich zwischen uns, darüber viele Worte zu machen."

„Aber gerade der wenigen Worte wegen ist deine Frau nun ganz verstummt", sagte der Rabbi. „Gehe nach Hause, und sage deiner Frau all das, was du mir über sie gesagt hast. Gerade jetzt braucht sie ein liebevolles Wort des Verstehens und der Anerkennung. Und wisse, es genügt nicht, täglich mit frommen Worten Gott zu preisen, auch der Mensch neben dir bedarf der Achtsamkeit und Anerkennung und vieler liebevoller Worte, die zu Herzen gehen und aufrichten."

mündliche Überlieferung

Weil es dich gibt
Weil es dich gibt
ist die Erde
im Himmel geborgen

aufgehoben
weil es dich gibt
ist meine Angst
inmitten der Schrecken

was immer geschieht
mag geschehen
weil es dich gibt

Heinz-Albert Heindrichs

Ein Weiser mit Namen Choni ging einmal über Land und sah einen Mann, der einen Johannisbrotbaum pflanzte. Er blieb bei ihm stehen und sah ihm zu und fragte: „Wann wird das Bäumchen wohl Früchte tragen?"

Der Mann erwiderte: „In siebzig Jahren."

Da sprach der Weise: „Du Tor! Denkst du in siebzig Jahren noch zu leben und die Früchte deiner Arbeit zu genießen? Pflanze lieber einen Baum, der früher Früchte trägt, dass du dich ihrer erfreust in deinem Leben."

Der Mann aber hatte sein Werk vollendet und sah freudig darauf, und er antwortete: „Rabbi, als ich zur Welt kam, da fand ich Johannisbrotbäume und aß von ihnen, ohne dass ich sie gepflanzt hatte, denn das hatten meine Väter getan. Habe ich nun genossen, wo ich nicht gearbeitet habe, so will ich einen Baum pflanzen für meine Kinder oder Enkel, dass sie davon genießen. Wir Menschen mögen nur bestehen, wenn einer dem anderen die Hand reicht. Siehe, ich bin ein einfacher Mann, aber wir haben ein Sprichwort. Gefährten oder Tod."

Quelle unbekannt

Mit dir zusammen
spür ich
mit jeder Faser
dass ich lebe
gewinnt jeder Augen-Blick
Bedeutung
wärmt jede Berührung
kann ich wieder
lachen, singen, tanzen
atmet meine Seele auf
komm ich
mir selbst
wieder neu auf die Spur.

Roswitha Paas

Eines schönen Morgens glitt vom hohen Baum am festen Faden die Spinne herab. Unten im Gebüsch baute sie ihr Netz, das sie im Laufe des Tages immer großartiger entwickelte und mit dem sie reiche Beute fing.

Als es Abend geworden war, lief sie ihr Netz noch einmal ab und fand es herrlich.

Da entdeckte sie auch wieder den Faden nach oben, den sie über ihrer betriebsamen Geschäftigkeit ganz vergessen hatte. Doch verstand sie nicht mehr, wozu er diene, hielt ihn für überflüssig und biss ihn kurzerhand ab.

Sofort fiel das Netz über ihr zusammen, wickelte sich um sie wie ein nasser Lappen und erstickte sie.

nach Johannes B. Lotz

ausblick

man muss viel tun
um eine hochzeit
feiern zu können

aber man muss
noch viel mehr tun
um weitere
hoch – zeiten
feiern zu können
hoch – zeiten der liebe
hoch – zeiten des vertrauens
hoch – zeiten der zärtlichkeit

das alles lässt sich
nicht organisieren
im kleidergeschäft

das ja der hochzeit
kann nicht das
letzte wort gewesen sein

und muss noch
tausendmal
gesagt werden

mindestens   *Rudolf Weiß*

Ein Mann hatte einen Traum. Hinter der Ladentheke sah er einen Engel. Hastig fragte er ihn:
„Was verkaufen Sie, mein Herr?" Der Engel gab ihm freundlich zur Antwort: „Alles, was Sie wollen."
Der Mann sagte: „Dann hätte ich gerne:
– eine Frau, die mich immer liebt und versteht und auf die ich mich verlassen kann,
– eine glückliche Ehe, die bis zu unserem Lebensende glücklich bleibt,
– gute Freunde, die uns auf unserem Lebensweg begleiten,
– Kinder, die sich gut entwickeln und an denen wir unsere Freude haben,
– und, und ..."
Da fiel ihm der Engel ins Wort und sagte: „Entschuldigen Sie, junger Mann, Sie haben mich verkehrt verstanden. Wir verkaufen keine Früchte hier, wir verkaufen nur den Samen."
nach einer alten Legende

Zeit für die Liebe

Kurse für Paare, die sich trauen

Die Kommunikation zwischen zwei Menschen ist besonders wichtig für eine gute Beziehung.

Darum sind Sie eingeladen zu einem gemeinsamen Gespräch mit einem erfahrenen Leitungsteam und anderen Paaren, die ebenfalls in der Vorbereitung auf die eigene Hochzeit sind.

Themen sind z.B.: Typisch Mann, typisch Frau? Angst vor ehelichen Krisenzeiten? Wie wird der Traugottesdienst auch zu einer persönlichen Feier?

Lernen Sie sich und Ihren Partner, Ihre Partnerin noch besser kennen und knüpfen Sie Kontakt zu anderen Paaren, die kirchlich heiraten wollen. Nehmen Sie sich Zeit für diese Gespräche – so investieren Sie in Ihre eigene gemeinschaftliche Zukunft als Paar.

Informationen und Termine:
www.bistum-essen.de/ehevorbereitung.html
www.kirchlich-heiraten.info

Ehebriefe

In den meisten Bistümern in Deutschland erhalten Sie als Geschenk zur Trauung die „Ehebriefe".

Die Ehebriefe wollen „junge" Paare unterstützen, Anregungen geben, Mut machen, Ideen vermitteln mit Themen wie: Paare und ihre Verwandtschaft / Eltern werden, Liebespaar bleiben / Was glückliche Paare richtig machen / Wie viel Nähe braucht (und verträgt) die Liebe? Der erste Ehebrief wird Ihnen von Ihrem Seelsorger vor der Hochzeit überreicht, die anderen werden dann – wenn Sie es wünschen – in regelmäßigen Abständen per Post zugeschickt.

Weitere Informationen:
www.ehebriefe.de, www.akf-bonn.de

Ehe-, Familien- und Lebensberatung

„Streit kommt in den besten Familien vor", sagt ein Sprichwort. Ja, vielleicht zeigt sich gerade in Krisenzeiten, wie gut eine Ehe ist. Doch bei allem guten Willen kann es Situationen geben, in denen sich Ehepaare damit überfordert fühlen, allein Lösungen für Konflikte oder Belastungen zu finden.

Dann sollten sie sich nicht scheuen, die Hilfe einer Ehe-, Familien- und Lebensberatungsstelle in Anspruch zu nehmen. Gut ausgebildete Beraterinnen und Berater stehen Einzelpersonen und Paaren für Gespräche zur Verfügung, unabhängig von deren Religion und Konfession.

Informationen und Adressen:
www.katholische-eheberatung.de

Heiraten ist nicht das Happyend, sondern ein wunderbarer Anfang.

frei nach Federico Fellini

Wir danken für die Abdruckgenehmigung

- aus Bolivien, aus: „Leben in Geborgenheit, Familiengebete aus den Jungen Kirchen", missio aktuell Verlag, 1982 © missio Aachen
- Bertolt Brecht, Große kommentierte Berliner und Frankfurter Ausgabe, Band 14, © Suhrkamp Verlag Frankfurt am Main 1993
- „Liebesgedichte" und „Erwiderung" aus: Christine Busta, Wenn du das Wappen der Liebe malst. © Otto Müller Verlag, 3. Auflage, Salzburg 1995
- Albert Camus, „Caligula", aus: Albert Camus, Dramen. Deutsche Übersetzung von Guido G. Meister, © 1959 by Rowohlt Verlag GmbH, Reinbek bei Hamburg
- Die Feier der Trauung in den katholischen Bistümern des deutschen Sprachgebietes, 2. Auflage, Freiburg u. a.1992, Herder u. a. Die Rechte werden wahrgenommen von der Ständigen Kommission. Die Rubriken wurden, soweit es durch die Auswahl der abgedruckten Texte nötig war, angepasst bzw. leicht gekürzt. Die Einführungen der Rubriken stammen von der Redaktion bzw. aus „Auf dem Weg zur kirchlichen Trauung, Bischöfliches Generalvikariat Münster, Hauptabteilung Seelsorge, 2007
- Dich. Aus: Erich Fried, Liebesgedichte, © Verlag Klaus Wagenbach, Berlin 1979
- Max Frisch, Tagebuch 1946–1949, S. 31 © Suhrkamp Verlag Frankfurt am Main 1962
- Gotteslob 24,2 und 24,4 Bernward Mediengesellschaft
- Gotteslob 25,1 Erzbischöfliches Ordinariat Bamberg
- Heinz-Albert Heindrichs, Gesammelte Gedichte, Rimbaud Verlagsgesellschaft, Aachen 2008/2009
- Friedrich G. Jünger, Werke. Erzählende Schriften. Spiegel der Jahre. Erinnerungen. Klett-Cotta, Stuttgart 1980, S. 66
- Die Bibeltexte sind entnommen der Einheitsübersetzung der Heiligen Schrift © 1980 Katholische Bibelanstalt, Stuttgart
- Reiner Kunze, Die Liebe. Aus: ders., gespräch mit der amsel, © S. Fischer Verlag GmbH, Frankfurt am Main 1984
- Reiner Kunze, Rudern zwei. Aus: ders., gespräch mit der amsel, © S. Fischer Verlag GmbH, Frankfurt am Main 1984
- Der Liebe Raum geben, Neun Impulse für Christen auf dem Weg der Ehe, © 1997 Patris Verlag GmbH, Vallendar-Schönstatt, S. 38
- Gabriel Marcel © Verlag Ferdinand Schöningh
- Roswitha Paas, Unterwegs auf neuen Wegen, Gedanken und Gedichte gegen den Alltagstrott, Essen o.J.
- Manfred Probst/Klemens Richter, Die kirchliche Trauung, Neues Werkbuch für den Gottesdienst, © Verlag Herder GmbH, Freiburg i. Br., 1. Auflage 1994
- Antoine de Saint-Exupéry, Der kleine Prinz, © 1950 und 2014 Karl Rauch Verlag, Düsseldorf
- Ulrich Schaffer, Das Buch der Liebe, Ernst Kaufmann-Verlag Lahr 2006
- Wolfdietrich Schnurre, Der Spatz in der Hand. Fabeln. © 1971 by Langen Müller in der F.A. Herbig Verlagsbuchhandlung GmbH, München
- Die Ständige Kommission für die Herausgabe der gemeinsamen liturgischen Bücher im deutschen Sprachgebiet erteilte für die aus diesen Büchern entnommenen Texte die Abdruck erlaubnis.
- Rudolf Weiß
- Zueinander aufbrechen, Familienpastorale Arbeitshilfe 2008, Deutsche Bischofskonferenz

Bibliografische Information der Deutschen Nationalbibliothek Die Deutsche Nationalbibliothek verzeichnet diese Publikation in der Deutschen Nationalbibliografie; detaillierte bibliografische Daten sind im Internet über <http://dnb.d-nb.de> abrufbar.

Herausgeber:
Bistum Essen Dezernat Pastoral
Redaktion: Renate Holze

4. Auflage 2014
© 2010 Echter Verlag GmbH
www.echter-verlag.de
Umschlag und graphische Gestaltung:
Christine Eisner, Würzburg
Fotos: shutterstock
Druck und Bindung:
Friedrich Pustet, Regensburg
ISBN 978-3-429-03228-9